TERRE DI MEZZO
EDITORE

LA BELLA SPOSA GRASSA E ALTRE FIABE AFRICANE

Testi di
Anselmo Roveda

Illustrazioni di
Allegra Agliardi

Progetto editoriale: **Alberto Dragone, Miriam Giovanzana**
Coordinamento editoriale: **Silvia Melloni**
Coordinamento organizzativo: **Isabella Pavan**

La bella sposa grassa e altre fiabe africane è un libro di Terre di mezzo
Cart'Armata edizioni Srl, piazza Napoli 30/6, 20146 Milano,
tel. 02-48.95.30.31, e-mail segreteria@terre.it

Curatore: **Anselmo Roveda**
Illustrazioni: **Allegra Agliardi**
Editing: **Silvia Melloni**

Supplemento al numero 133, maggio 2006 di "Terre di mezzo".
Direttore responsabile Carlo Giorgi
Registrazione Tribunale di Milano, n. 566 del 22 ottobre 1994
Stampa: Impressioni grafiche, Acqui Terme (Al)
Il catalogo dei libri di "Terre di mezzo" è su www.terre.it/libri

Introduzione

di Anselmo Roveda

Dopo le favole africane de *Il giorno in cui il leone regalò una coda agli animali*, pubblicato da Terre di mezzo nel 2005, ecco una raccolta di fiabe: gli animali lasciano il posto agli uomini. I protagonisti delle fiabe sono infatti gli uomini. E con loro la magia, le creature fantastiche, il surreale.

Il patrimonio fiabistico orale, e oramai anche quello scritto, dei popoli africani è vastissimo: si compone non solo di racconti *tout court*, ma anche di racconti mitologici e poi di facezie, di leggende, di "vite" esemplari - di un tal o tal altro uomo santo, guerriero o tiranno - trasposte nel racconto fino a diventare, per uso e destinazione, fiaba.
Quelle raccolte in questo volume abbracciano una vasta area che va dal Sahel abitato dai carovanieri della porzione settentrionale del continente fino alle praterie del Sudafrica. Ci sono fiabe di molti popoli, dai berberi ai bantu.
Le fiabe provengono dal Ghana, dalla Nigeria, dal Kenya, dal Senegal, dal Sudan, dall'Etiopia, dal Lesotho.
Le fonti sono per lo più a stampa e sono le solite, ovvero le ampie e documentate raccolte di Giacomo Prampolini, di Paul Radin, di Friedrich Becker.

Il tentativo di riscrittura è quello che ha già informato la raccolta di favole, e cioè tornare a rendere vivo e vivace un patrimonio di narrazioni attraverso la godibilità delle storie, come in un cerchio tribale, utilizzando la forza della voce e delle parole.
Ancora una volta l'auspicio è quello di riunirsi insieme a leggere ad alta voce per poi iniziare a raccontare e riraccontarsi le storie. Che la voce del narratore sia quella di tutti e che la voce di tutti diventi, uno dopo l'altro, quella di chi narra.

LA BELLA SPOSA GRASSA

C'era un tempo in cui... viveva una ragazza molto grassa e molto bella. Era una ragazza fatta d'olio.
La bella ragazza grassa era in età da marito e tutti i giovani volevano sposarla.
Non passava giorno senza che qualche uomo arrivasse alla casa della bella ragazza grassa e chiedesse: "Sono venuto a domandare in moglie la tua bella figlia grassa. Vuoi concedermela?".
Ma la madre della bella ragazza grassa non dava al giovanotto neanche il tempo di presentarsi e subito rispondeva: "No, no, no! La mia bella figliola grassa non può andare in moglie a chissà chi: è delicata, la mia bella figlia grassa. Non può andare al sole a lavorare nei campi, non può andare al sole dietro al bestiame, non può nemmeno fare lavori troppo faticosi in casa: tutte queste cose la scioglierebbero, perché la mia bella figlia grassa è fatta d'olio. No, no, no!".
E, chiunque si presentasse, la madre della bella ragazza grassa iniziava sempre con un "No, no, no!..." per finire poi sempre con un "... No, no, no!".
Arrivò però il giorno in cui un forestiero s'innamorò tanto della bella ragazza grassa da offrire la più ricca delle doti e promettere, giurare,

supplicare. Giurò e promise che l'avrebbe sempre e solo tenuta all'ombra.
La madre si convinse e la bella ragazza grassa partì felice: sarebbe diventata una bella sposa grassa.
Nella casa del forestiero però c'era già un'altra moglie.
Quando questa vide la bella sposa grassa divenne gelosa, molto gelosa. La gelosia cresceva ogni giorno di più, anche perché quando c'era da fare qualche lavoro la bella sposa grassa restava a casa.
Restava all'ombra e non aiutava mai, perché aveva paura del caldo e del sole.

Così aveva ordinato il marito, così aveva promesso alla madre.
Un giorno il marito partì e la moglie gelosa iniziò a insultare la bella sposa grassa, la insultò tanto che la ragazza alla fine accettò di andare a lavorare nei campi.
La bella sposa grassa accettò anche se la sorellina, che l'aveva accompagnata, pregava e implorava di non andare: "Non andare sorella cara, non andare bella sorella grassa, non andare!".
La sorellina pregava e implorava ricordando alla bella sposa grassa le parole della madre.
La mamma aveva detto: "Attenta mia bella figliola grassa, se andrai al sole ti scioglierai!", ma la ragazza s'incamminò lo stesso.
La strada per i campi fortunatamente era all'ombra, ma appena iniziò a lavorare al sole... splif... splif... spilif... la bella sposa grassa iniziò a gocciolare e a sciogliersi.
La sorellina piangeva e pregava, lei e il cielo, ma non ci fu il tempo: della bella sposa grassa restava ormai solo il grosso alluce del piede sinistro, rimasto al riparo di una foglia.
La sorellina fasciò quel che restava della bella sposa grassa con delle foglie e lo ripose nel cestino, quindi si affrettò verso casa.
Una volta a casa tirò fuori il grosso alluce, lo mise in un orcio pieno d'acqua e lo sigillò bene bene con l'argilla. Poi mise l'orcio nella parte più tranquilla e riparata della casa.
Quando il marito tornò a casa cercò la bella sposa grassa in ogni luogo delle sue proprietà e infine chiese: "Dov'è la mia bella sposa grassa grassissima!?".
La sorellina della bella sposa grassa gli raccontò l'accaduto e gli disse che ci

sarebbe voluti tre mesi prima che la sua sposa potesse tornare alla forma originaria: bella e grassa come prima.

Ma la sorellina aggiunse anche: “Prima però devi cacciare la moglie gelosa, altrimenti riporterò l’orcio a casa di nostra madre e non vedrai mai più la tua bella sposa grassa”.

Il marito non ci pensò due volte, si mise in cammino e riportò la moglie gelosa dai genitori, quindi si fece restituire la dote. Tornato a casa il marito attese tre mesi.

Dopo tre mesi la sorellina ruppe il sigillo d’argilla dell’orcio e ne uscì la bella sposa grassa.

Il marito fu felice, organizzò una grande festa e raccontò a tutti quanto fosse cattiva la moglie gelosa e di come la riportò dai suoi genitori.

Da allora, racconta il popolo yoruba, quando una moglie si comporta molto male il marito la può riportare ai genitori che la vendono come schiava e restituiscono la dote allo sposo.

LA MEMORIA DELLO SCEICCO

C'era un tempo in cui... viveva uno sceicco amato e saggio, famoso per l'attenzione che dedicava a tutte le cose e per la memoria che ne conservava.

Il suo nome era Othman dan Fodio; amministrò con giustizia, saggezza e carità, insegnò a leggere e scrivere agli uomini e alle donne.

La sua fama si diffuse ben oltre i confini del regno e molti erano quelli che si recavano in visita da lui.

Un giorno giunse da Oriente un uomo che voleva accertarsi di persona delle capacità dello sceicco. L'uomo giunto da Oriente voleva capire se erano vere le voci sulla saggezza e sulla memoria dello sceicco, doti di cui si parlava fin nelle sue terre.

L'uomo giunto da Oriente, prima di entrare nella capitale del regno, si gettò su testa e spalle il mantello come sono soliti fare i pellegrini di ritorno dalla Mecca.

Nella capitale l'uomo si fermò qualche giorno, gironzolò per le vie della città, seguì da lontano le passeggiate e le udienze dello sceicco.

Il terzo giorno si fece largo tra la folla raccolta intorno allo sceicco e quando finalmente gli fu vicino chiese: "Mio sceicco, vorrei ricevere da te una risposta".

“Ci illumini Allah, gloria a lui l’altissimo, e vedrò di rispondere dimmi...”
“Mio sceicco, nel vostro Paese che cosa mettono nella zuppa?”
“Foglie di baobab, sale, pepe e spezie.”
L’uomo giunto da Oriente se ne andò senza dire nulla e tornò al suo Paese. Dopo due anni fece nuovamente ritorno nella capitale del regno dello sceicco, dove ormai nessuno più ricordava di un uomo venuto da Oriente. Nella capitale l’uomo si fermò qualche giorno, gironzolò per le vie della città, seguì da lontano le passeggiate e le udienze dello sceicco. Questa volta, però, l’uomo giunto da Oriente vestiva il costume tradizionale degli Haussa del Niger ed era difficile riconoscerlo.
Il terzo giorno si fece largo tra la folla raccolta intorno allo sceicco e quando finalmente gli fu vicino chiese: “E niente altro?”
Lo sceicco, ricordando la domanda che gli aveva fatto due anni prima, rispose: “Chi è ricco ci mette anche la carne”.
L’uomo giunto da Oriente si pentì di avere dubitato della memoria dello sceicco e tornò al suo Paese.

LA RAGAZZA SACRIFICATA DALLA FAMIGLIA E SALVATA DALL'INNAMORATO

C'era un tempo in cui... la terra soffriva una grande siccità.
La terra era arsa, non pioveva da molto tempo e gli uomini non avevano quasi più nulla da mangiare.
La gente si radunò nel grande spazio delle danze e chiamarono lo stregone per domandare a lui, uomo di sapienza, quando sarebbe tornata la pioggia.
Lo stregone vuotò la zucca delle profezie, la vuotò una volta, la vuotò due, la vuotò molte e molte volte, poi disse: "Qui c'è una fanciulla che dev'essere comprata, se volete la pioggia. La fanciulla si chiama Wanjiuro, domani venite qui nel grande spazio delle danze e ognuno di voi porti una capra".
Il giorno dopo tutta la gente si radunò nel grande spazio delle danze.
Ognuno portava con sé una capra.
C'era anche la giovane Wanjiuro e subito qualcuno offrì la sua capra ai parenti della ragazza per comprarla.
La terra sotto i piedi di Wanjiuro allora si fece molle e la ragazza iniziò a sprofondare gridando: "Aiuto, sono perduta!".

I suoi parenti si avvicinarono per tirarla fuori dalla terra, ma la gente inizò a offrire capre per comprarla e i parenti si misero a contrattare.
La terra si fece sempre più molle e Wanjiuro sprofondò fino alle ginocchia gridando: "Aiuto, sono perduta! Ma cadrà la pioggia".
I parenti si avvicinarono per tirarla fuori, ma altra gente iniziò a offrire capre per comprarla e i parenti si misero a contrattare.
La pioggia non cadeva.
La terra si fece sempre più molle e Wanjiuro sprofondò fino al bacino gridando: "Aiuto, sono perduta! Ma così cadrà la pioggia". I parenti si avvicinarono per tirarla fuori, ma altra gente inizò a offrire capre per comprarla e così si misero a contrattare.
La pioggia continuava a non cadere.
La terra si fece sempre più molle e Wanjiuro sprofondò fino al petto gridando: "Aiuto, sono perduta! Ma così cadrà molta pioggia". I parenti si avvicinarono per tirarla fuori, ma altra gente inizò a offrire capre per comprarla e così si misero a contrattare.
La pioggia continuava a non cadere.
La terra si fece sempre più molle e Wanjiuro sprofondò fino al collo gridando: "Aiuto, sono perduta! Ma così cadrà molta molta pioggia". I parenti si avvicinarono per tirarla fuori, ma altra gente inizò a offrire capre per comprarla e così si misero a contrattare. La pioggia continuava a non cadere.
La terra si fece sempre più molle e Wanjiuro scomparve.
I parenti stavano ancora contrattando per le capre quando la pioggia cadde, cadde e cadde e cadde ancora, sempre più forte e copiosa e tutti corsero a ripararsi.

Fu così che Wanjiuro scomparve nella terra.
Quando la pioggia smise, la terra era di nuovo pronta per il raccolto e tutti erano contenti.
C'era solo un giovane guerriero triste.
Il giovane guerriero era triste perché provava amore per Wanjiuro, venduta dai parenti e scomparsa nella terra.

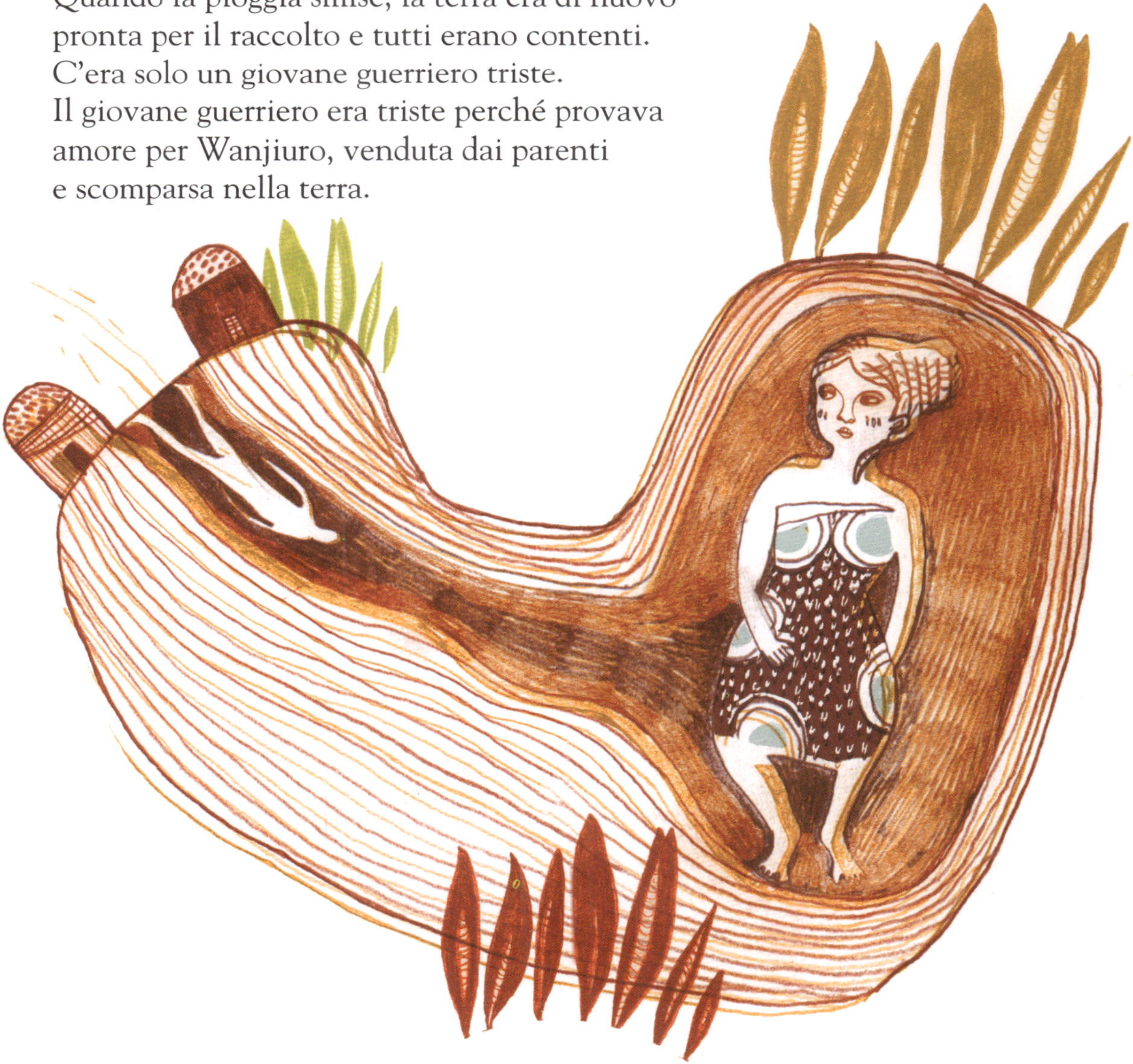

Il giovane guerriero andò nel punto dove era sprofondata Wanjiuro e lentamente entrò nella terra, percorse tutto il lungo sentiero che sta sotto la terra e finalmente trovò Wanjiuro.
Ma Wanjiuro non era la bella ragazza che ricordava: la sua pelle era secca, il suo sguardo triste, le sue vesti lacere. Il giovane guerriero prese per mano Wanjiuro e ripercorse tutto il lungo sentiero che sta sotto la terra e tornarono alla luce del sole.
Allora il giovane guerriero disse: "Wanjiuro, ti ho portato nuovamente qua, ma non ti condurrò alla casa dei tuoi genitori che ti hanno venduto, verrai nella mia casa". La ragazza acconsentì.
Il giovane guerriero fece giurare a sua madre di non dire nulla del ritorno di Wanjiuro e insieme la nutrirono e la vestirono con le pelli più belle.
In breve Wanjiuro tornò a essere la bella ragazza che il guerriero ricordava.
Nessuno la vide per molto tempo, ma un giorno di festa il guerriero uscì per andare alle danze.
La madre del guerriero e Wanjiuro aspettarono che le strade fossero deserte e poi, nel buio, si misero tra la folla, sicure di non essere viste e riconosciute.
Ma i parenti della ragazza la riconobbero e le andarono intorno per festeggiare. Il giovane guerriero, vista la scena, li allontanò in malo modo gridando: "Avete venduto Wanjiuro, non la riavrete!" e portò via la ragazza.
Passato qualche giorno il giovane guerriero ci ripensò e disse: "Wanjiuro, ti vedo triste dopo l'incontro dell'altra sera. Che diritto ho io di sottrarti a tua madre e a tuo padre? Ti condurrò da loro".
Il giovane guerriero e Wanjiuro andarono dai genitori di lei, si salutarono, fecero festa e poi il giovane guerriero chiese Wanjiuro in sposa.
Wanjiuro fu molto felice e festeggiarono ancora.

GLI SCOLARI E L'AGO

C'era un tempo in cui... sull'altipiano una maestra faceva lezione di calligrafia a un gruppo di bambini molto vivace.
La maestra era brava e molto amata.
Un giorno, finita la lezione, mentre i bimbi si preparavano a tornare a casa, la maestra disse: "Bambini, domani avremo bisogno di un ago. Potete portarne uno?".
I bambini risposero in coro: "Sì!", salutarono e andarono via felici, ma...
... ma appena giunti sulla strada di terra battuta iniziarono a litigare: "Lo porto io!" disse uno. "No, lo porto io", seguì un secondo. E un terzo: "No, no, io!". E un altro: "Guardate che l'ho detto prima io e lo porto io!". E ancora tutti a schiamazzare: "Io, ho detto io!", "No, io!", "Tocca a me!", "Lo devo fare io!".
Litiga che ti litiga stavano quasi per arrivare ai cazzotti quando uno gridò forte: "Mi è venuta un'idea! Venite qui che ve la racconto...".
Bisbigliarono per un po' e trovarono la soluzione.
Il giorno dopo la maestra vide arrivare la sua classe: portavano tutti insieme, a spalla, un lungo bastone. Sul bastone era piantato l'ago.

LA BELLA FIGLIA DEL RE

C'era un tempo in cui... un re cercava per sua figlia il giusto marito.
Un giorno il re chiamò a sé la figlia e le disse: "Cara figlia mia, è giunto il tempo in cui trovare un uomo che ti possa sposare".
La ragazza fu felice e rispose: "Bene padre mio, sarei felice di sposarmi, ma a una sola condizione: il mio futuro sposo deve amarmi per davvero, deve amare me e non il nostro potere e le nostre ricchezze".
Il padre decise allora di lasciar scegliere alla figlia il proprio sposo, quindi fece annunciare in tutti gli angoli del regno che il tal giorno i pretendenti si presentassero a corte con un dono di nozze.
Quando venne il tal giorno, fin dall'alba si presentarono guerrieri, nobili, principi, ricchi mercanti e tutti portarono in dono le cose più preziose: abiti pregiati, monili, arazzi, sculture, pietre rare e quantità immense di oro, di pellicce e di armi.
Ma quel giorno nella capitale del regno c'era anche un giovane povero.
Il giovane era tanto povero quanto innamorato della principessa. Si mise anche lui in coda per entrare a palazzo e portare il suo dono.
Il suo dono era tutto ciò che possedeva: tre semplici bracciali d'oro lasciati dalla vecchia madre in punto di morte molti anni prima.
Quando la giornata fu finita e tutti i pretendenti furono usciti dal palazzo,

il re e sua figlia rimasero soli in mezzo a una grande stanza stracolma di ogni ricchezza.
Il re disse alla figlia: “Cara figlia mia, dimmi: quale hai scelto tra i tanti pretendenti?”. Ma la figlia rispose: “Padre mio, sono confusa, non saprei chi scegliere”.
Il padre allora disse: “Non ti preoccupare cara figlia mia, ti aiuterò a scegliere, ci penserò su stanotte”.
E il re, in cuor suo, pensava: “Se non ha scelto lei, sceglierò io e sceglierò il giovane più ricco del Paese”.
Durante la notte però la madre defunta della principessa venne a trovarla in sogno e le disse: “Figlia mia adorata, voglio darti un consiglio. Dì a tuo padre di annunciare che sei morta. Osservando il comportamento dei pretendenti, lui che è un re saggio capirà qual è l’uomo giusto per te, quello che ti ama per davvero”.
Il mattino seguente la principessa raccontò al padre del sogno e questi disse: “Cara figlia mia, seguiremo il consiglio di tua madre. Ora va a nasconderti nelle tue stanze”.
Il re convocò a palazzo tutti i pretendenti e con il vestito del lutto diede loro il triste annuncio: “Mia figlia è morta, è morta stanotte”.
Tutti rimasero sgomenti e iniziarono a spazientirsi non sapendo cosa dire e cosa fare.
Quindi il re ripeté ancora: “Mia figlia è morta, è morta stanotte, non ci saranno più le nozze”.
I pretendenti iniziarono a rumoreggiare e molti guardarono verso la montagna di doni preziosi ammonticchiati nella stanza. Così il re disse: “Non temete per i vostri doni, potete riprenderli”.

Tutti si affrettarono a recuperare abiti pregiati, monili, arazzi, sculture, pietre rare e quantità immense di oro, di pellicce e di armi, contendendosi quella o quell'altra cosa, strappandosi di mano ora una pietra rara, ora una sciabola d'oro.
Nel gran trambusto di guerrieri, nobili, principi e ricchi mercanti tutti indaffarati a riprendere i propri doni, il re vide il giovane povero in lacrime, fermo in un angolo della grande stanza.

Il re si avvicinò e disse: “Cos’hai giovanotto? Non piangere e recupera il tuo dono e torna a casa”.
Ma il giovane disse: “O mio signore, se non vi è di offesa vorrei che i miei doni, anche se sono solo tre bracciali d’oro, fossero seppelliti con la principessa. L’ho amata tanto da lontano. Vorrei che almeno quei bracciali, ricordo di mia madre e mio unico bene, potessero stare con la principessa per l’eternità. Che testimoniassero il mio amore da vicino”.

Il re fu felice di quelle parole e strappandosi il vestito del lutto gridò: "Mia figlia è viva, potrà portare i tuoi bracciali da viva e tu la sposerai, figlio mio!".
Il trambusto si fermò e i pretendenti guardarono increduli il re che spiegò: "Ieri ero pronto a dare mia figlia in moglie al più ricco tra voi ma oggi, vista la vostra avidità, ho deciso di darla in moglie al più povero. Perché egli la ama per davvero, non per le sue ricchezze o per il mio potere! Ora andate: finché resto felice di questo evento, non avete da temere! Ma vi conviene affrettarvi!".
La figlia del re uscì dalle sue stanze vestita di un abito splendido, e vedendo il futuro sposo le batté forte il cuore dall'emozione. Il suo sposo era un bel giovane.
La principessa e il giovane povero si sposarono e dopo molti anni, quando il vecchio re morì, lui divenne il re più giusto e saggio che quel regno abbia conosciuto, e lei divenne la regina più bella e saggia che quel regno abbia conosciuto.

LA SPOSA UCCELLO

C'era un tempo in cui... un re sposò la più bella tra le ragazze da marito. Il re aveva scelto per sé la più bella ragazza del villaggio.
Quando fu il tempo del primo raccolto, tutte le nuove spose del villaggio partirono per andare a vedere il lavoro nei campi.
Le donne invitarono anche la moglie del re, ma lei disse: "Grazie, care sorelle, ma qui ho tanto da fare, devo ancora andare al pozzo a prendere l'acqua".
Le altre la salutarono e si incamminarono.
Quando la moglie del re fu sola prese la brocca, la pulì bene e la riempì d'acqua, poi s'incamminò verso i campi di miglio.
Arrivata ai campi di miglio si sincerò d'essere sola, si levò tutti i vestiti e iniziò a cantare:

Il miglio è alto e maturo
maccuuta mbelangal!
e se l'avessi saputo
maccuuta mbelangal!
non avrei preso marito
maccuuta mbelangal!

Il canto della giovane sposa
svegliò un viaggiatore
steso lì a riposare.
L'uomo rimase nascosto
tra i cespugli e guardò
lo spettacolo. Perché
si trattava di uno spettacolo
vero e proprio.

Il viaggiatore in vita sua ne aveva viste di cose strane, ma questa le superava tutte: alla sposa del re stavano crescendo ali colorate, piume sgargianti e un becco robusto.
Quando la giovane sposa finì di trasformarsi in un uccello meraviglioso iniziò a beccare il miglio e s'ingozzò fin quasi a far scomparire il campo. Poi l'uccello colorato tornò donna, si rimise la brocca in testa e, come se nulla fosse accaduto, tornò verso casa.
Il viaggiatore corse dal re: "O re di questo villaggio, che tu ci voglia credere o no, hai sposato un uccello!".
"Sei forse impazzito? Vuoi forse essere fustigato per la tua impudenza? Vattene, prima che ti faccia punire per le sciocchezze che racconti," disse il re. Ma il viaggiatore insistette e insistette ancora: "O re di questo villaggio, che tu ci voglia credere o no, hai sposato un uccello! L'ho visto con questi miei occhi, domani ti condurrò con me e potrai vedere tu stesso".
Il re si lasciò convincere e il giorno dopo andò con il viaggiatore. Seguirono di nascosto la sposa del re mentre si recava al pozzo.
La sposa del re prese la brocca, la pulì bene e la riempì d'acqua, poi s'incamminò verso i campi di miglio. Arrivata ai campi di miglio si sincerò d'essere sola, si levò tutti i vestiti e iniziò a cantare:

Il miglio è alto e maturo
maccuuta mbelangal!
e se l'avessi saputo
maccuuta mbelangal!
non avrei preso marito
maccuuta mbelangal!

E divenne un uccello meraviglioso. Quindi iniziò a beccare il miglio.
Il re non sapeva che fare, il viaggiatore allora disse: “So io cosa fare ascolta...” e parlarono piano al riparo dei cespugli.
Nel frattempo l’uccello colorato tornò donna, si rimise la brocca in testa e come se nulla fosse accaduto tornò verso casa.
A casa la sposa iniziò a impastare, ma dietro di lei arrivò il re e iniziò a cantare: “*Maccuuta mbelangal! maccuuta mbelangal!*”
La sposa supplicò: “Non cantare questa canzone, non cantare, smettila! Ti farò dono di tutti i miei gioielli, ma ti prego non cantare più...”.
Ma il re continuava: “*Maccuuta mbelangal! maccuuta mbelangal!*”
La giovane sposa iniziò a trasformarsi: le spuntarono ali colorate, piume sgargianti e un becco robusto.
Il re prese il bastone e cercò di uccidere l’uccello meraviglioso dalle piume sgargianti, ma la sposa uccello si scansò e si scansò ancora.
Il re prese la lancia per trafiggere l’uccello meraviglioso dalle piume sgargianti, ma la sposa uccello volò via. Volò in alto, sempre più in alto, nel cielo profondo tra mille altri uccelli, dove nessuno l’avrebbe mai più trovata.
Il re rimase solo. Non smise mai più di guardare il cielo turbinare di uccelli, cercando di riconoscere il meraviglioso uccello dalle piume sgargianti che aveva avuto per sposa.

La città dove non si può dormire, la città dove non si può sputare

C'era un tempo in cui... sulla terra c'erano città dalle strane usanze.
Una donna aveva due figlie: una aveva sposato un uomo che viveva in una città dove era proibito dormire, l'altra un uomo che viveva in una città dove era proibito sputare.
Un giorno la donna decise di andare in visita dalla figlia che viveva nella città dove era proibito dormire.
Quando arrivò le fecero una grande festa e il genero fece preparare un grande banchetto, quindi disse: "Questa è mia suocera, portate da mangiare".
Ma la figlia la prese in disparte e disse: "O madre mia, non mangiare troppo, ricordati che in questa città è proibito dormire".
La madre rispose: "Tranquilla, so da molto prima che tu nascessi che qui è proibito dormire" e prese a mangiare tutto quello che portarono.
Quella notte, sebbene si fosse sdraiata, riuscì a restare sveglia.
La mattina dopo la figlia andò al pozzo a prendere l'acqua e la madre si addormentò. Prima del ritorno della figlia, si presentò in casa una vicina.
La vicina vedendo la donna addormentata iniziò a gridare: "Aiuto aiuto! La suocera venuta da altrove è morta!".

Arrivarono i suonatori di tamburo, arrivarono gli uomini per scavare la fossa e le donne per i riti funebri, ma in quel momento arrivò anche la figlia e gridò: "Fermi, fermi! Non è morta! È che da dove viene lei si è abituati a dormire". Quindi scrollò la madre e disse: "Svegliati, svegliati!".
La donna si svegliò e tutti ebbero paura, ma presto capirono che a dormire non c'era nulla di male e così impararono a dormire.
Poi la donna tornò a casa sua.
Un altro giorno la donna decise di andare in visita dalla figlia che viveva nella città dove era proibito sputare.
Quando arrivò le fecero una grande festa e il genero fece preparare un grande banchetto, quindi disse: "Questa è mia suocera, portate da mangiare".
Ma la figlia la prese in disparte e disse: "O madre mia, non mangiare troppo, ricordati che in questa città è proibito sputare".
La madre rispose: "Tranquilla, so da molto prima che tu nascessi che qui è proibito sputare" e prese a mangiare tutto quello che portarono.
Quella notte alla madre venne voglia di sputare. Resistette un po', poi cercò un posto dove nessuno avrebbe potuto vederla e, quando finalmente lo trovò, sputò.
Ma la terra, che non era abituata agli sputi, iniziò a lamentarsi ululando nella notte: "Uiùi uiùi uiùi, non ci sono abituata, uiùi uiùi uiùi, non ci sono abituata!".
Tutta la gente arrivò sul posto e disse: "Chi ha sputato qui?", ma la donna era già lontana.
Un vecchio allora suggerì: "C'è un solo modo per saperlo, portate le zucche magiche, ci cammineremo tutti sopra e loro ci diranno chi ha sputato".
Portarono le zucche, ci camminarono tutti sopra ma nessuno fu preso.

Allora qualcuno disse:
"C'è anche quella suocera
venuta da lontano,
facciamo camminare
anche lei sulle zucche".
E quando la suocera
camminò sulle zucche
subito queste la afferrarono.
Tutta la gente gridò:
"È lei che ha sputato!"
E le zucche cantarono:
"*Le cose che acchiappano
e stringono, le ha avute la suocera,
le ha avute la suocera*".
La donna non poteva sedersi,
sdraiarsi o fare i lavori
perché aveva le zucche
attaccate al corpo.

Stava saltellando disperata, con le zucche che continuavano a cantare: "*Le cose che acchiappano e stringono, le ha avute la suocera, le ha avute la suocera...*", quando incontrò quel ficcanaso strampalato del ragno.
Il ragno disse: "O suocera, beata te! Come sei fortunata, come sei fortunata ad avere due zucche come queste, che cantano un canto così bello. Magari potessi averle io!".
Così la donna disse: "Be', guarda che è facile, basta che sputi per terra e dici di non essere stato tu".
Il ragno sputò per terra e disse: "Non sono stato io a sputare, non sono stato io. Se sono stato io, zucche magiche prendetemi".
Le zucche magiche lasciarono la donna e presero il ragno, poi iniziarono a cantare: "*Le cose che acchiappano e stringono, le ha avute il ragno, le ha avute il ragno*".
Il ragno fu molto contento e iniziò a ballare, ma dopo un po' si stancò e disse: "O suocera, vieni a riprenderti le zucche", ma la suocera si rifiutò.
Il ragno allora salì su un albero e si lanciò giù per rompere le zucche, ma queste si scansarono e il ragno si sfracellò a terra.
Le zucche tornarono da dove erano venute e la gente di quella città iniziò a sputare, perché avevano visto che a sputare non accade nulla di male, almeno agli uomini.

IL DONO DELLA MOGLIE DEL GINN

C'era un tempo in cui... gli spiriti rapivano le fanciulle in cammino. Accadde così che un giorno una fanciulla in cammino fu rapita dagli spiriti delle rocce.
Dopo molte ore, non vedendola tornare a casa, il fratello della fanciulla si mise in cammino per cercarla. Il fratello camminò e camminò, seguì tutte le piste e le strade conosciute, girò per giorni.
Nulla, non riusciva a ritrovare la sorella, si fermò allora a riposare sotto le rocce.
Appena si fu seduto sentì alzarsi il vento e tra le rocce comparve la sorella. Scese vicino a lui e disse: "Non ti preoccupare fratello mio ho sposato un ginn, uno spirito buono delle rocce. Sono felice. Dì alla mamma di non preoccuparsi e portale questo sacco in dono, da parte mia e del mio sposo".
Poi gli consegnò un sacco chiuso e pieno pieno e aggiunse: "Mi raccomando però: non fermarti mai lungo la strada e non aprire il sacco prima di essere a casa".
Il fratello partì e iniziò a camminare. Camminò e camminò ma poi, un po' per la stanchezza un po' per la curiosità, decise di fermarsi e guardare dentro al sacco.
Aprì il sacco e trovò solo cenere, cenere e cenere. Arrabbiato, vuotò quasi

tutto il sacco per terra e la cenere si sparse nel vento. Quindi si mise in spalla il sacco con la poca cenere rimasta e si avviò verso casa.

Quando giunse a casa disse risentito alla madre: “Mia sorella ha sposato un ginn, dice di essere felice e di non preoccuparsi per lei e poi guarda, guarda che bel regalo che ti manda...”.

La madre ordinò al figlio di rovesciare per terra il contenuto del sacco.

E dal sacco rotolarono tre monete d’oro purissimo.

Il figlio e fratello si rimise in cammino e tornò di corsa nel luogo in cui aveva svuotato il sacco, ma non trovò nulla. Così corse fino alle rocce e chiamò a gran voce la sorella.

La sorella, sposa del ginn, si fece vedere per qualche istante e disse solo: “Vattene, non avrai più nulla, già una volta hai gettato via il mio dono”.

LA FIGLIA DELL'ORCHESSA DELLO STAGNO

C'era un tempo in cui... gli orchi e i giganti vivevano nei laghi e negli stagni.
Un giorno un gruppo di cacciatori si spinse fin alle rive di uno stagno.
Presso lo stagno i cacciatori incontrarono una strana ragazza. La ragazza era molto bella, ma era vestita solo di catene che dondolavano di qua e di là.
Uno dei cacciatori domandò: "Vivi qui?".
E la ragazza rispose: "Sì".
"E non hai marito?"
"No."
Allora al cacciatore venne un'idea e chiese: "Io cerco moglie, vuoi sposarmi e venire con me al villaggio?".
La ragazza fu felice e disse: "Sì, però devo chiamare mia madre, voglio che veda l'uomo che sposo", e iniziò a chiamare: "Madre, madre!".
L'acqua dello stagno si mosse e dall'acqua spuntò un'orribile testa di fuoco.
L'uomo e gli altri cacciatori scapparono via, corsero tutto il giorno e finalmente giunsero al villaggio e lì raccontarono la loro avventura: "Siamo arrivati allo stagno e abbiamo incontrato una bella ragazza, ma quando è arrivata sua madre siamo scappati: è un'orchessa terribile!".
Ma altri cacciatori dissero spavaldi: "Noi non abbiamo paura degli orchi, figuriamoci delle orchesse, domani andremo a prendere la ragazza".

Il giorno dopo il gruppo partì e a loro si accodò un bambino, che era piccolo per davvero, e per quanto i cacciatori cercassero di mandarlo via quello continuava a seguirli.
Dopo una lunga marcia arrivarono allo stagno e videro la bella ragazza vestita di catene che dondolavano di qua e di là. Uno di loro disse: “Ci hanno parlato di te e sono venuto qui per chiederti in sposa”.
La ragazza fu felice ma disse: “Bene, però devo chiamare mia madre, voglio che veda l’uomo che sposo”.
Ma l’altro ribatté: “Non disturbiamola. Perché vuoi chiamare tua madre?”.
“Perché voglio che veda l’uomo che sposo”, e iniziò a chiamare.
L’acqua dello stagno si mosse e dall’acqua spuntò un’orribile testa di fuoco. L’uomo e gli altri cacciatori scapparono via. Rimase solo il bambino.
Mentre i cacciatori scappavano, l’orchessa dall’orribile testa di fuoco iniziò a inseguirli, ma più procedeva più perdeva forza e più diventava piccola, così smise di inseguirli e tornò allo stagno.
Quando arrivò allo stagno era piccola piccola e vide il bambino, che era piccolo per davvero, allora chiamò sua figlia e disse: “Mi avevi detto che c’era qualcuno che voleva sposarti, ma questo è un bambino piccolo”.
La ragazza non rispose e allora rispose il bambino: “Non ti preoccupare, diventerò grande presto”.
Così il giorno dopo la bella ragazza e il bambino partirono per il villaggio dei cacciatori, ma prima di partire l’orchessa disse alla figlia: “Se tuo marito dovesse morire non farlo seppellire, fa in modo che resti all’aperto. Quando inizierà a fare i vermi, prendine uno e mettilo in un vaso di miele, poi spalmalo di grasso tutti i giorni. Così diventerà un bambino. Continua a spalmare di grasso tutti i giorni anche il bambino, così vedrai

che un giorno il bambino diverrà un uomo: sarà tuo marito che è tornato". La ragazza e il bambino non capirono quelle parole, ma le tennero bene a mente e finalmente presero la strada per il villaggio dei cacciatori.

Quando arrivarono al villaggio e tutta la gente vide la bella ragazza con il bambino iniziarono a dire: "Ahimè, la bella ragazza ha sposato un bambino, non si è mai vista una cosa così". E pensarono a un modo per ucciderlo.

Un giorno gli uomini andarono a caccia dell'antilope e il bambino li seguì. Quando furono nelle erbe secche il fratello del bambino lo colpì con una freccia e disse: "Venite! Credevo di uccidere un'antilope ma ho colpito il bambino".

E gli altri dissero: "Visto che sei stato tu non ti si può fare il processo, perché era tuo fratello" e lasciarono il corpo del bambino, ma piccolo per davvero, tra le erbe secche.

Tornati al villaggio dissero alle ragazza: "Il tuo sposo bambino è morto".

La ragazza allora disse: "Non mi importa nulla degli altri uomini, vivrò sola" e pianse per due mesi. Dopo due mesi andò tra le erbe secche dove si caccia l'antilope, trovò la carcassa di suo marito e un verme.

Portò il verme a casa e lo mise in un vaso di miele, lo spalmò di grasso tutti i giorni finché non divenne un bambino. Allora nascose il bambino sotto il letto, continuò a spalmarlo di grasso tutti i giorni e a dargli il latte, finché non divenne un uomo robusto.

L'uomo robusto che era stato un bambino prese l'arco e le frecce e la spada, quindi andò dal fratello che lo aveva ucciso. Lo colpì con le frecce e lo trafisse con la spada.

Poi tornò dalla sua sposa, la bella figlia dell'orchessa, e si misero in cammino per cercare un posto migliore dove vivere.

SEETETELANE

C'era un tempo in cui... sulla terra viveva un certo Seetetelane. Seetetelane era un uomo povero, molto povero. Viveva in una zona desertica arsa dal sole, dove le prede da cacciare erano rare, a malapena qualche topo selvatico.
Seetetelane era costretto così a vivere nella miseria: solo, in una capanna disadorna, con poco cibo, vestito soltanto di pelli di topo selvatico.
Un giorno, nel suo peregrinare sulla terra arsa, trovò un uovo di struzzo. Lo raccolse, lo portò a casa e disse: "È un cibo speciale e lo mangerò in un giorno speciale: un giorno in cui soffierà vento dal Sud".
Nei giorni seguenti accaddero cose strane: un giorno al rientro dalla caccia trovò un pane caldo, un altro giorno una coppa di bevanda fermentata. Seetetelane non capiva, pensò soltanto che qualche donna, finalmente, avesse iniziato a occuparsi di lui.
Arrivò un altro giorno e quel giorno, al rientro dalla caccia, Seetetelane vide che l'uovo di struzzo si schiudeva.
Dall'uovo di struzzo uscì una giovane donna. La giovane donna era bella e dolce e disse: "Seetetelane, fino a oggi hai vissuto nella miseria, ma con me troverai fortuna e benessere. Ti chiedo un'unica cosa: non chiamarmi mai, neppure il giorno che ti ubriacassi, 'figlia di un uovo di struzzo'".

Seetetelane giurò che non l'avrebbe mai chiamata "figlia di un uovo di struzzo" e poi la sposò.
Seetetelane e la giovane donna iniziarono a vivere felici, lui tornava sempre con tanta selvaggina, non più solo topi selvatici, e lei preparava il pane e la bevanda fermentata.
Dopo qualche tempo la giovane donna aspettò che si facesse sera, quindi chiese a Seetetelane se desiderasse avere dei sudditi e diventare capovillaggio. Lui rispose di sì. Poi si andò a coricare per la notte.
La giovane donna allora uscì, andò dove buttavano la cenere e batté il suo bastone magico.
Il mattino seguente Seetetelane sentì un gran vociare fuori dalla sua capanna. Uscì e vide molti uomini; lo acclamavano capovillaggio, gli donavano lussuose pelli di sciacallo e gli portavano in dono capi di bestiame: mucche dalle lunghe corna e pecore dalla grande coda.
Divenuto un capo riverito, Seetetelane iniziò a disdegnare le pelli di topo selvatico, si vestì solo di pellicce pregiate e fece bella la sua casa.
Un giorno però si ubriacò di bevanda fermentata e rientrando a casa gridò alla sua sposa: "Figlia di un uovo di struzzo!".
La donna gli chiese di ripetere e lui gridò: "Figlia di un uovo di struzzo!".
Seetetelane andò a coricarsi tra le sue belle pellicce, ma nel cuore della notte si svegliò per il freddo: le belle pellicce non lo coprivano più. Aveva addosso solo le sue vecchie pelli di topo selvatico.
Si alzò, si ricordò dell'insulto e si pentì. Ma non c'era più nulla, né il villaggio né la giovane sposa.
Seetetelane iniziò nuovamente a vivere cibandosi di topi selvatici e coprendosi delle loro pelli.

IL PASTORE E IL SAGGIO

C'era un tempo in cui... i saggi si mettevano in cammino per il mondo. Ma c'era, e c'è ancora, un tempo in cui i saggi non sempre fanno i saggi. E quando i saggi non fanno i saggi finiscono per fare i gabbaminchioni, ovvero il gioco degli sciocchi.
Un giorno, lungo il suo peregrinare per il mondo, un saggio incontrò un uomo al pascolo con il suo gregge di pecore, bianche e nere, e di capre bianche, nere e marroni.
Il saggio si avvicinò al pastore e questo gli disse: "Voglio farti una domanda, uomo saggio. Se mi risponderai ti regalerò una pecora, ma se non saprai rispondere ti picchierò con il mio bastone".
"Bene, parla", acconsentì il saggio.
"Hai presente quando la luna sparisce del tutto, poi riappare sottile sottile e a poco a poco diventa di nuovo grande, rotonda e luminosa? Bene, quando sparisce, sai dove va a cacciarsi?", chiese curioso il pastore.
"Ma certo! Tu non lo sai?", disse sicuro di sé il saggio, poi continuò: "Sei proprio ignorante. La luna, quando invecchia, va dalle stelle, le inghiotte, mangia a sazietà e poi ritorna grande, rotonda, luminosa e giovane. E ora sei contento pastore?".
Il pastore, colpito dalla risposta, regalò al saggio la più bella delle sue pecore.

La morte del tiranno

C'era un tempo in cui... viveva un re crudele, cattivo e tiranno.
Il re crudele governava un Paese ricco e fortunato, dove la terra dava buoni frutti. Ma la gente di quel Paese non viveva lo stesso tranquilla.
Il re crudele torturava, uccideva, umiliava i suoi sudditi per i motivi più inutili, solo per il gusto di vedere gli altri che avevano paura e soffrirvano.
Anche gli uomini più vicini a lui - le guardie, i ministri, i consiglieri, i cuochi e i camerieri - non potevano rivolgergli la parola: pena la morte.
Dovevano solo rispondere alle sue domande e se al tiranno la loro risposta non piaceva, la sorte era sempre la stessa: la morte.
Tutti vivevano nella paura e nel silenzio.
Un giorno sopra al regno del tiranno si vide volare un enorme uccello e, per quanto re e consiglieri lo guardassero, non riuscivano a capire che razza di bestia fosse.
Il tiranno domandava: "Dimmi consigliere, che razza d'uccello è quello?".
E il consigliere timoroso balbettava: "O mio sovrano, non saprei... Forse un... anzi no... potrebbe trattarsi...".
Il sovrano non attendeva nemmeno che completasse la risposta e ordinava: "Guardie, uccidetelo!" Poi con voce calma riprendeva: "E, tu mio consigliere del Sud, cosa dici? Che razza d'uccello è quello?".

Il consigliere del Sud taceva e sudava. Il tiranno allora ordinava: "Guardie, uccidetelo!" e poi con voce calma riprendeva. Fu così che molti uomini di palazzo persero la vita.
Dopo qualche ora di questo gioco crudele, il tiranno si spazientì: "Guardie, andate a catturare quell'uccello e se non ci riuscirete morirete tutti!".
Le guardie, con la morte nel cuore, andarono per i campi a cercare un buon posto da dove tirare le frecce all'uccello, ma il grande uccello volava troppo in alto e uno di loro disse: "Amici, ci conviene scappare nel più lontano dei posti che conosciamo e ancora più in là. Non riusciremo mai a cacciare il grande uccello e moriremo tutti!".
Ma il più vecchio tra le guardie, che ben conosceva la cattiveria del re, disse: "Non c'è posto al mondo dove potremmo nasconderci, il tiranno ci cercherebbe ovunque e ci ucciderebbe dopo molte sofferenze. Conviene pazientare".
E pazientarono fin quando il grande uccello non si posò sul ramo di un albero lì vicino.
Le guardie del re tirarono le loro frecce e colpirono il grande uccello a morte. Le guardie, finalmente sollevate dal timore di essere uccise, tornarono contente a palazzo trascinando l'enorme uccello sconosciuto.
A palazzo anche il re crudele sorrise: "Bene bene, ora portatelo al primo cuoco e ditegli che ordino che sia pronta una portata a base di questo enorme uccello per l'ora del pranzo! Se così non sarà, il primo cuoco e gli uomini di cucina moriranno tutti!".
Le guardie trascinarono il grande uccello fino alle cucine.
Il primo cuoco, che aveva molti anni e buona memoria, riconobbe l'uccello.

Ricordò perfino il racconto di un suo nonno. Il grande uccello dal piumaggio variopinto, secondo il racconto del nonno, non era commestibile per l'uomo.
Ma il primo cuoco non ebbe il coraggio né di andare a parlare direttamente col re crudele né di mandare una delle povere guardie a dirlo al tiranno. Chi avesse detto per primo una cosa simile al tiranno, infatti, avrebbe avuto morte certa.
Il primo cuoco si mise all'opera, e grazie all'aiuto di tutti gli uomini di cucina riuscì a preparare una pietanza a base delle carni del grande uccello. Ci riuscì prima dell'ora in cui era solito pranzare il re crudele.
Quando il pranzo fu servito, il re si compiacque che gli uomini di cucina avessero obbedito al suo ordine per timore della morte, e fu felice di vedere che erano riusciti a preparare così in fretta le carni del grande uccello. Il re disse alla moglie seduta accanto a lui: "Vedi, per timore della morte tutti fanno qualunque cosa io ordini e lo fanno in fretta, ah, ah, ah...". E scoppiò in una risata, una risata crudele come lui.
La moglie, imbarazzata, sorrise appena.
Dopo che ebbe mangiato il grande uccello, il tiranno si sentì soffocare e morì in pochi minuti.

A palazzo tutti ne furono contenti e quando la notizia venne data al popolo tutti ne furono felici. Scesero per le strade della città, accorsero dalle campagne e festeggiarono e festeggiarono, giorni e giorni. Il re crudele, cattivo e tiranno era morto.
Qualche giorno dopo divenne re il figlio del re crudele, ma il figlio fu un re buono. Aveva capito che è meglio governare ascoltando gli altri.

Indice

pag.

GRAZIE LETTORE!

per aver comprato questo libro da un venditore di strada. Con questo gesto sostieni infatti il **"Progetto di strada"** di **"Terre di mezzo"**. **"Terre"** (www.terre.it) è un "giornale di strada" (un giornale in vendita cioè di proposito **solo sulla strada** e non in edicola), che da 10 anni offre ai suoi venditori occasioni di dignità e integrazione attraverso una collaborazione concreta.

I **nostri venditori** sono stranieri che desiderano integrarsi in modo legale nel nostro Paese. E "Terre di mezzo", con la vendita ambulante di giornali e libri, offre loro un'opportunità. In 10 anni circa 800 persone hanno venduto il giornale per periodi più o meno lunghi. E questo lavoro è stato uno strumento per vivere una vita dignitosa in Italia e sostenere le loro famiglie nel Sud del mondo.
Puoi riconoscere i venditori di "Terre di mezzo" da una tessera col nome e con la foto.
Per loro e per noi la vendita non è un'occupazione "di serie B" ma lavoro vero.

Se approvi il nostro progetto di integrazione, ti chiediamo di seguirlo e sostenerlo continuando a comprare dai venditori il giornale e i libri, di cui pubblichiamo in fondo a questo volume un elenco. I nostri libri (che trovi anche in libreria) fanno parte di collane nate per promuovere stili di vita sostenibili e accrescere la partecipazione civile. E per dare ascolto e visibilità alle città nascoste e a chi lavora quotidianamente alla costruzione di un mondo diverso.

Intanto grazie e buona lettura!

la redazione, i venditori e i volontari
di Terre di mezzo

TERRE DI MEZZO
IL GIORNALE DI STRADA

PROGETTO DI STRADA: I NOSTRI PRODOTTI

I libri

Cucina di strada
per italiani curiosi
Euro 7

Cucina indiana
per italiani curiosi
Euro 7

Cucina araba e mediorientale
per italiani curiosi
Euro 7

Cucina del Senegal e dell'Africa nera
per italiani curiosi
Euro 7

Vauro
Clandestino
15 anni di vignette
sull'immigrazione
Euro 7

Il momento è atipico
Cinque dialoghi fra lavoratori precari e lavoratori dipendenti
Euro 7

Questa pelle è pulita
Diario di uno straniero in carcere
Euro 7

La grande casa di monsieur Diallo
Diario di un viaggio in Senegal
Euro 7

Il giornale

Terre di mezzo
Il giornale di strada
Euro 2,10